PETITS PRATIQU CUISINE

Cuisine italienne

Marieluise CHRUSTL-LICOSA

Photos : Philippe VAURÈS-SANTAMARIA
Stylisme : John BENTHAM

Avec la collaboration de BUITONI

HACHETTE
Pratique

Sommaire

4 Entrées alléchantes
4 Carpaccio
6 Pizza romaine
8 Soupes pour gourmets
8 Minestrone au pesto
10 Panade à la tomate
12 Soupe de champignons et de légumes
14 Maïs et riz
14 Gnocchis de polenta au gorgonzola
16 Polenta
18 Risotto à la viande et aux légumes
20 Risotto au chou
22 Pâtes
22 Lasagnes à la bolognaise
24 Raviolis à la crème
26 Spaghettis à l'ail et à l'huile d'olive
28 Spaghettis à la carbonara
30 Spaghettis au pesto
32 Légumes à l'italienne
32 Champignons aux tomates

34 Courgettes grillées à l'huile d'olive et au vinaigre balsamique

36 Gratin d'aubergines

38 Haricots verts à la tomate et au basilic

40 Poissons et fruits de mer

40 Cabillaud sauce tomate

42 Calmars à la mode d'Amalfi

44 Crevettes à la sauce piquante

46 Turbot au four

48 Plats de viande traditionnels

48 Grillades de porc au marsala

50 Lapin au vin et aux noix

52 Osso bucco à la bolognaise

54 Veau au thon

56 Desserts

56 Gâteau au mascarpone

58 Macarons

60 Salade de fruits au sabayon

62 Zuppa inglese

Carpaccio

Pour **4 personnes** – Préparation : **20-25 minutes**
Une portion contient environ : 190 kcal
Protides : 15 g – Lipides : 14 g – Glucides : 3 g
Difficulté : ★ - Coût : €€

- 200 g de tranches de filet de bœuf cru très fines
- 50 g de jeune parmesan en morceaux
- 2 cuil. à soupe de jus de citron
- 1 citron
- 1 bouquet de persil frisé
- 4 cuil. à soupe d'huile d'olive vierge extra
- Sel, poivre du moulin

1 Disposer les tranches de viande sur quatre assiettes.

2 Mélanger le jus de citron avec un peu de sel jusqu'à dissolution de celui-ci, ajouter l'huile et battre énergiquement pour bien lier le tout. Répartir la sauce sur la viande de manière égale. Couvrir les assiettes d'un film transparent 5-10 min.

3 Avant de servir, couper de fines lamelles de parmesan avec un couteau-économe et en parsemer légèrement les tranches de viande. Partager le citron en quatre. Décorer le carpaccio avec les quartiers de citron et le persil et servir aussitôt. Accompagner de pain blanc frais et mettre le poivre sur la table.

Variante
Remplacer les 4 cuillerées à soupe d'huile d'olive par 1 cuillerée à soupe à mélanger avec 1 cuillerée à soupe de Pesto Basilico BUITONI (150 g).

Pizza romaine

Pour **4 personnes** – Préparation : **2 heures 15**
Une portion contient environ : 620 kcal
Protides : 29 g – Lipides : 32 g – Glucides : 53 g
Difficulté : ★★ - Coût : €

Pour la pâte :
- 300 g de farine de blé
- 20 g de levure de boulanger
- 2 cuil. à soupe d'huile d'olive
- 1/2 cuil. à café de sel

Pour la garniture :
- 400 g de tomates rondes
- 300 g de mozzarella
- 3 cuil. à soupe de pecorino râpé (fromage de brebis)
- 4-5 filets d'anchois
- 5 branches de basilic
- Sel
- Poivre noir du moulin
- Huile d'olive pour la plaque du four

1 Émietter la levure et la diluer dans 2 cuillerées à soupe d'eau tiède. Mélanger la farine avec du sel, la mettre en tas sur le plan de travail. Faire une fontaine, y verser la levure diluée et recouvrir d'un peu de farine. Laisser reposer jusqu'à ce que la surface se craquelle. Compter 15 min environ. Puis verser, petit à petit 10 cl d'eau tiède dans la fontaine et travailler la farine de l'intérieur vers l'extérieur.

2 Pétrir la pâte jusqu'à ce qu'elle soit lisse et souple. La rouler en boule et y faire une entaille en forme de croix. Saupoudrer de farine, couvrir d'un torchon et laisser reposer dans un endroit chaud jusqu'à ce que le volume ait doublé. Compter 1 h environ.

3 Pendant ce temps, ébouillanter les tomates. Les peler, les couper en deux, ôter le pédoncule, les graines et le jus. Tailler la pulpe en lanières dans le sens de la longueur et l'égoutter dans une passoire.

4 Laver le basilic, l'essorer, couper ses petites feuilles en lanières. Tailler les filets d'anchois en petits morceaux. Couper la mozzarella en tranches fines.

5 Préchauffer le four à 220 °C (th. 8). Pétrir à nouveau la pâte énergiquement et y incorporer les 2 cuillerées d'huile d'olive. Étaler la pâte sur la plaque du four bien huilée. La garnir de tomates, de tranches de mozzarella et d'anchois. Saler, poivrer et parsemer de pecorino et de basilic. Arroser de 4 cuillerées à soupe d'huile d'olive.

6 Enfourner à mi-hauteur la pizza et laisser cuire 20-25 min.

Variante
Remplacer les 400 g de tomates rondes par un pot de sauce tomate Napoletana 250 g BUITONI. Arroser la garniture de 1 cuillerée à soupe d'huile d'olive au lieu de 4.

Minestrone au pesto

Pour **4 personnes** – Préparation : **2 heures** – Trempage : **8 heures**
Une portion contient environ : 380 kcal
Protides : 18 g – Lipides : 12 g – Glucides : 52 g
Difficulté : ★★ - Coût : €€

- 100 g de haricots secs borlotti (ou de haricots blancs)
- 4 tomates
- 1/2 chou de Milan
- 2 courgettes
- 2 carottes
- 2 pommes de terre
- 2 oignons
- 100 à 150 g de petites pâtes (coquillettes)
- 4 cuil. à soupe d'huile d'olive
- Sel, poivre noir du moulin

Pour le pesto :

- 1 bouquet de basilic avec de grosses feuilles
- 1 gousse d'ail
- 20 g de pecorino râpé
- 1/2 cuil. à café de pignons
- 3 cuil. à soupe d'huile d'olive
- Sel, poivre blanc du moulin

1 Mettre les haricots à tremper dans de l'eau froide, la veille au soir.

2 Éplucher et hacher finement les oignons. Laver les courgettes, couper les extrémités. Laver et éplucher les carottes. Éplucher et laver les pommes de terre. Tailler les courgettes, les carottes et les pommes de terre en petits dés. Nettoyer le chou, ôter le trognon et les côtes dures. Laver le chou et le tailler en lanières. Ébouillanter les tomates 10 secondes, les peler et les partager en quatre.

3 Faire chauffer l'huile dans une marmite et y faire revenir les oignons. Ajouter les courgettes, les carottes, les pommes de terre, le chou et les tomates. Couvrir et faire cuire 10 min à feu doux.

4 Égoutter les haricots puis les ajouter dans la marmite. Arroser avec 2 litres d'eau. Porter à ébullition, puis laisser cuire la soupe à couvert et à feu doux jusqu'à ce que les haricots soient tendres. Compter 1 h 30 environ.

5 Préparer le pesto : laver et égoutter le basilic, détacher les feuilles. Éplucher l'ail et l'écraser au presse-ail. Piler le basilic dans un mortier avec du sel. Ajouter du poivre, l'ail et les pignons. Avec le pilon, travailler le tout en une pâte homogène, puis incorporer petit à petit le fromage et l'huile par très petites quantités en remuant jusqu'à ce que le pesto soit velouté.

6 Ajouter les pâtes dans la marmite et les faire cuire sans couvercle *al dente*, fermes sous la dent. Incorporer le pesto à la fin de la cuisson. Saler, poivrer et servir aussitôt.

Conseil
Accompagner le minestrone au pesto de pain aillé. Faire griller des tranches de pain blanc et les frotter énergiquement avec des moitiés de gousses d'ail.

Panade à la tomate

Pour **4 personnes** – Préparation : **2 heures environ**
Une portion contient environ : 310 kcal
Protides : 12 g – Lipides : 18 g – Glucides : 24 g
Difficulté : ★★ - Coût : €

- 450 g de tomates en boîte
- 1 branche de céleri
- 2 gousses d'ail
- 1 bouquet de persil
- 1 bouquet de basilic
- 150 g environ de pain blanc rassis, coupé en tranches fines
- 60 g de parmesan râpé
- 1,5 litre de bouillon de viande ou de légumes
- 6 cuil. à soupe d'huile d'olive
- Sel
- Poivre noir du moulin

1 Éplucher les gousses d'ail. Laver et égoutter le céleri, le persil et le basilic. Hacher le tout finement. Verser les tomates et leur jus dans une passoire au-dessus d'une jatte et les écraser à la cuillère.

2 Faire chauffer l'huile dans une casserole. Y faire revenir 5 min à feu doux l'ail, le céleri, le persil et le basilic et ajouter les tomates. Couvrir et faire cuire doucement 15 min.

3 Pendant ce temps, dans une marmite, porter à ébullition le bouillon de viande ou de légumes. Mettre le pain dans les légumes et faire cuire quelques instants en remuant avant d'ajouter le bouillon brûlant.

4 Faire mijoter la soupe à couvert et à feu doux 1 h 30 environ. Tourner fréquemment pendant la cuisson afin que la soupe n'attache pas. Rectifier l'assaisonnement en fin de cuisson. Servir avec le parmesan râpé.

♦ Une soupe à base de pain pour tous ceux qui n'aiment pas habituellement ce genre de plat. Elle trouve son origine dans la *pappa col pomodoro* toscane, un plat rustique pour pauvres gens. Le pain qui cuit longtemps et qui est sans cesse remué se transforme en bouillie. Il ne reste finalement qu'une panade raffinée, de consistance crémeuse, qui s'intègre à tous les menus.

Soupe de champignons et de légumes

Pour **4 personnes** – Préparation : **1 heure 05**
Une portion contient environ : 210 kcal
Protides : 12 g – Lipides : 10 g – Glucides : 19 g
Difficulté : ★★ - Coût : €

- 250 g de champignons
- 200 g de carottes
- 3 branches de céleri
- 3 tomates rondes
- 1 gros oignon
- 60 g de parmesan râpé
- 4 tranches de pain blanc
- 1,5 litre de bouillon de viande ou de légumes
- 1 à 2 cuil. à soupe d'huile d'olive
- Sel, poivre blanc du moulin

1 Porter le bouillon à ébullition dans une marmite. Couper l'oignon et les carottes en rondelles. Nettoyer, laver et tailler le céleri en morceaux longs de 3 cm.

2 Ébouillanter les tomates, les peler et les partager en quatre. Ôter le pédoncule et les graines. Couper grossièrement la pulpe en petits morceaux.

3 Mettre tous les légumes dans la marmite, y compris l'oignon et les tomates, et faire cuire à couvert et à feu très doux 45 min.

4 Pendant ce temps, passer les champignons sous l'eau puis les égoutter avant de les tailler en lamelles. Les ajouter aux légumes et laisser bouillir à feu doux 20 min encore.

5 Faire griller les tranches de pain, les disposer dans les assiettes à soupe puis les arroser d'huile d'olive.

6 Saler et poivrer la soupe et la verser dans une soupière. La verser brûlante sur les tranches de pain. Présenter le fromage râpé dans un plat à part.

Gnocchis de polenta au gorgonzola

Pour **4 personnes** – Préparation : **1 heure 15 environ**
Une portion contient environ : 860 kcal
Protides : 31 g – Lipides : 52 g – Glucides : 65 g
Difficulté : ★★ - Coût : €

- 350 g de semoule de maïs, grosse de préférence
- 100 g de jambon cuit
- 180 g de gorgonzola
- 100 g de parmesan râpé
- 100 g de beurre
- 4 à 5 cuil. à soupe de crème à 15 % de matière grasse
- 1 cuil. à café de sel
- Beurre pour le plat

1 Préparer une polenta compacte : faire cuire 1,25 litre d'eau, le sel et la semoule de maïs sans cesser de remuer.

2 Beurrer un plat à gratin. Tailler le jambon et le gorgonzola en petits dés. Préchauffer le four à 200 °C (th. 7).

3 Former les gnocchis en façonnant la polenta à l'aide d'une cuillère à soupe et les mettre dans le plat beurré. Faire trois couches. Parsemer la première avec des dés de gorgonzola et y glisser de petites coquilles de beurre. Répartir le jambon et le parmesan sur la deuxième couche. Sur la dernière, disposer le beurre restant et la crème.

4 Faire dorer à mi-hauteur au four. Compter 30 min.

Variantes

– Polenta à la pancetta :
Couper 2 oignons en rondelles. Tailler 150 g de lard de poitrine fumée en tout petits dés. Faire chauffer 2 cuillerées à soupe de saindoux ou d'huile d'olive et y faire revenir le lard et les oignons jusqu'à ce qu'ils soient transparents mais non dorés. Mettre le mélange lard-oignons sur les gnocchis. Saupoudrer de parmesan selon les goûts.
– Remplacer la crème et le beurre par un pot de sauce 3 Formaggi à la crème fraîche 250 g Buitoni. Dans ce cas, n'utiliser que 60 g de parmesan râpé et 100 g de gorgonzola.

Polenta

Pour **4 personnes** – Préparation : **1 heure environ**
Une portion contient environ : 290 kcal
Protides : 8 g – Lipides : 1 g – Glucides : 64 g
Difficulté : ★★ - Coût : €

- 350 g de semoule de maïs, grosse de préférence
- 1 cuil. à café de sel

1 Porter 1,25 litre d'eau salée à ébullition dans une marmite.

2 Verser en pluie la semoule dans l'eau bouillante tout en remuant afin qu'il n'y ait pas de grumeaux. La faire cuire 45 min à feu doux et la tourner sans cesse avec une cuillère en bois afin qu'elle n'attache pas. Elle doit être bien cuite et former une masse compacte se détachant des parois de la marmite.

3 Étaler la bouillie sur un plat humide ou sur une planche en bois, égaliser la surface, couvrir et laisser reposer brièvement.

4 Couper la polenta en tranches à l'aide d'un fil.

5 Ces tranches de polenta peuvent être revenues dans du beurre ou grillées avant d'être servies comme garniture.

Conseil
La semoule de maïs grossièrement moulue devient plus facilement compacte à la cuisson et a plus de goût. Pour éviter de remuer longtemps, utiliser de la semoule fine déjà préparée (précuite) qui ne demande que 5 min de cuisson.

Variante
Une fois la polenta élaborée et étalée sur une planche, faire des ronds avec un verre. Déposer les ronds de polenta sur un plat à gratin beurré. Verser un pot de sauce tomate Boscaiola (aux cèpes) 250 g Buitoni. Ajouter 125 g de mozzarella coupée en petits dés et faire dorer sous le gril du four environ 10 min.

HUILE D'OLIVE

Risotto à la viande et aux légumes

Pour **4 personnes** – Préparation : **1 heure 10 environ**
Une portion contient environ : 500 kcal
Protides : 28 g – Lipides : 17 g – Glucides : 68 g
Difficulté : ★★ - Coût : €

- 250 g d'épaule de veau
- 150 g de petits pois (frais ou congelés)
- 2 poivrons rouges
- 2 oignons
- 300 g de riz à grain rond (avorio)
- 60 g de parmesan râpé
- 40 g de beurre
- 1 litre environ de bouillon de bœuf
- 2 cuil. à soupe d'huile d'olive
- 1 petit sachet de safran en poudre
- Sel, poivre blanc du moulin

1 Hacher les oignons. Nettoyer et partager les poivrons en quatre et les tailler en lanières. Couper la viande en gros dés.

2 Faire chauffer l'huile d'olive dans une casserole et ajouter la moitié du beurre. Y faire revenir les oignons et la viande à feu moyen jusqu'à ce que la viande commence à dorer. Les oignons ne doivent pas brunir. Ajouter les lanières de poivron, saler et poivrer, verser 2 à 3 cuillerées à soupe de bouillon et faire cuire à couvert et à feu doux pendant 15 min.

3 Pendant ce temps, porter le reste du bouillon à ébullition.

4 Mélanger le riz avec les légumes et laisser reposer 5 min jusqu'à absorption du liquide. Arroser avec 2 tasses de bouillon bouillant. Faire cuire à couvert et à feu moyen en remuant de temps à autre. Ajouter les petits pois. Verser du bouillon frémissant petit à petit jusqu'à ce que le riz soit cuit. Compter 20 min environ. Il ne doit pas devenir trop sec.

5 Peu avant la fin de la cuisson, saler et poivrer à nouveau le risotto. Diluer le safran avec un peu de bouillon et le mélanger au riz en même temps que le beurre restant. Servir le fromage dans un plat à part.

Variante
Ajouter en fin de cuisson un pot de sauce tomate Napoletana 250 g BUITONI.

Risotto au chou

Pour **4 personnes** – Préparation : **1 heure environ**
Une portion contient environ : 550 kcal
Protides : 20 g – Lipides : 25 g – Glucides : 60 g
Difficulté : ★★ - Coût : €

- 1 petit chou de Milan (600 g environ)
- 2 gousses d'ail
- 300 g de riz à grain rond (avorio)
- 100 g de parmesan râpé
- 80 g de beurre
- 1 litre environ de bouillon de légumes
- Sel, poivre noir du moulin

1 Couper les feuilles du chou en très fines lanières et passer les gousses d'ail au presse-ail.

2 Faire fondre la moitié du beurre dans une casserole et y faire revenir l'ail à feu doux (il ne doit pas brunir). Ajouter le chou et verser 2 à 3 cuillerées à soupe de bouillon. Faire cuire à point en 15 à 20 min, à couvert et à feu doux.

3 Porter le reste du bouillon à ébullition. Mettre le riz avec le chou et laisser reposer 2 à 3 min. Arroser de 2 tasses de bouillon très chaud.

4 Faire cuire sans couvrir à feu moyen et en tournant de temps à autre. Verser du bouillon petit à petit jusqu'à ce que le riz soit cuit. Compter environ 20 min. Il ne doit pas devenir trop sec.

5 Saler et poivrer. Avant de servir, mélanger le beurre restant avec la moitié du fromage. Présenter le fromage restant à part.

Lasagnes à la bolognaise

Pour **4 personnes** – Préparation : **2 heures 30**
Protides : 61 g – Lipides : 80 g – Glucides : 88 g
Difficulté : ★★ - Coût : €€

Pour la sauce :
- 300 g de bœuf haché
- 80 g de lard de poitrine fumée
- 1 carotte
- 1 côte de céleri en branches
- 1 oignon
- 40 g de beurre
- 1 cuil. à soupe de concentré de tomates
- 10 cl de vin rouge
- 15 cl de bouillon de viande
- 15 cl de lait
- 1 clou de girofle
- 1 feuille de laurier
- Sel, poivre du moulin

Pour la béchamel :
- 50 g de farine
- 50 g de beurre
- 1/2 litre de lait
- Sel, poivre blanc du moulin

Pour les lasagnes :
- 400 g de lasagnes
- 150 g de mozzarella
- 125 g de parmesan
- 50 g de beurre, beurre pour le plat

1 Éplucher l'oignon. Laver et éplucher la carotte. Laver et égoutter le céleri. Hacher les légumes et le lard et mélanger le tout avec la viande hachée dans un saladier.

2 Dans une casserole de beurre fondu, faire revenir la viande et les légumes en remuant jusqu'à ce que la viande soit dorée. Arroser de vin et, quand celui-ci s'est évaporé, verser 2/3 du bouillon et laisser réduire.

3 Faire bouillir le lait, délayer le concentré de tomates dans le bouillon restant et le verser dans la casserole. Saler, poivrer et ajouter le clou de girofle, le laurier et le lait. Couvrir et faire cuire 1 h 15 à feu très doux jusqu'à évaporation du lait.

4 Préparer la béchamel : faire un roux avec le beurre et la farine et l'arroser de lait en battant au fouet. Saler, poivrer, porter à ébullition et faire cuire quelques instants. Ajouter du lait si la sauce est trop épaisse.

5 Égoutter la mozzarella et la couper en petits dés. Retirer le clou de girofle et la feuille de laurier de la sauce à la viande.

6 Dans une marmite, faire cuire les lasagnes *al dente* en plusieurs fournées puis les poser sur un torchon. Préchauffer le four à 200 °C (th. 7). Beurrer un plat à gratin.

7 Disposer une couche de lasagnes dans le plat. La couvrir d'abord de sauce à la viande puis de béchamel. Mettre la mozzarella par dessus et parsemer d'un peu de parmesan. Disposer les lasagnes et les autres ingrédients par couches.

8 Finir par la béchamel, la mozzarella et le parmesan. Répartir le beurre en dés sur le plat et faire cuire au four à mi-hauteur environ 30 min.

Raviolis à la crème

Pour **4 personnes** – Préparation : **40 minutes environ**
Une portion contient environ : 880 kcal
Protides : 37 g – Lipides : 33 g – Glucides : 110 g
Difficulté : ★★ - Coût : €€

- 150 g de jambon cuit entouré de gras
- 300 g de petits pois
- 6 feuilles de salade
- 1 gros oignon
- 400 g de raviolis de couleur (farcis à la viande, aux épinards et au fromage)
- 100 g de crème à 15 % de matière grasse
- 60 g de beurre
- 4 cuil. à soupe de parmesan râpé
- Sel, poivre blanc du moulin

1 Éplucher et émincer l'oignon. Laver, égoutter, tailler les feuilles de salade en lanières. Retirer et hacher finement le gras du jambon. Tailler le jambon lui-même en petits dés.

2 Faire fondre le gras du jambon à feu doux dans une casserole avec 20 g de beurre. Faire rissoler les oignons 5 min. Ajouter les petits pois (frais ou congelés), saler et poivrer. Verser un peu de crème.

3 Faire cuire à couvert et à feu doux jusqu'à ce que les petits pois soient tendres. Pendant ce temps, dans une marmite, porter un grand volume d'eau salée à ébullition et y faire cuire les raviolis *al dente*.

4 Peu de temps avant la fin de la cuisson des petits pois, ajouter dans la casserole le beurre restant, le jambon, les lanières de salade et la crème restante. Égoutter les raviolis, les ajouter dans la casserole avec le fromage et bien mélanger le tout.

Conseil
Si vous trouvez que les feuilles de salade ne sont pas assez parfumées, remplacez-les par du basilic taillé en lanières. Et si vous en avez envie, un soupçon d'ail ne gâtera rien !

Variante
Remplacer le beurre et la crème fraîche par un pot de sauce 3 Formaggi à la crème fraîche 250 g BUITONI. Faire cuire les petits pois et l'oignon avec 2 cuillerées à café de sauce BUITONI et ajouter le reste de la sauce dans la dernière étape de la recette.

Spaghettis à l'ail et à l'huile d'olive

Pour **4 personnes** – Préparation : **20 minutes**
Une portion contient environ : 710 kcal
Protides : 15 g – Lipides : 43 g – Glucides : 68 g
Difficulté : ★ - Coût : €

- 400 g de spaghettis
- 4 gousses d'ail
- 1 bouquet de persil
- 1 petit morceau de piment rouge
- 15 cl d'huile d'olive
- Sel

1 Dans une grande marmite, faire cuire les pâtes *al dente* dans un grand volume d'eau bouillante salée.

2 Éplucher les gousses d'ail et les écraser au presse-ail. Laver, égoutter puis hacher finement le persil.

3 Dans une poêle, faire chauffer à feu doux l'huile, l'ail, le persil et le piment rouge, puis laisser reposer 3 min. Saler à votre convenance.

4 Égoutter les pâtes dans une passoire avant de les mettre dans un plat chaud.

5 Retirer le piment rouge de la sauce et mélanger-la avec les spaghettis. Servir immédiatement.

Variante
Spaghettis au gorgonzola et au mascarpone :
À l'aide du mixeur ou d'un presse-purée, réduire en une purée bien lisse 100 g de gorgonzola piquant, 200 g de mascarpone, 1 oignon finement haché et 1 côte de céleri en branches. Verser doucement autant de lait qu'il faut pour obtenir une sauce plus liquide mais encore épaisse.
Bien saler et assaisonner avec du piment rouge. Faire chauffer la sauce au bain-marie (sans la faire bouillir). Dans un plat de service chaud, bien mélanger la sauce avec les pâtes.

Spaghettis à la carbonara

Pour **4 personnes** – Préparation : **30 minutes environ**
Une portion contient environ : 860 kcal
Protides : 31 g – Lipides : 51 g – Glucides : 68 g
Difficulté : ★★ - Coût : €

- 400 g de spaghettis
- 150 g de lard de poitrine fumée
- 3 œufs
- 50 g de parmesan ou de pecorino râpés
- 1 gousse d'ail
- 3 cuil. à soupe de saindoux ou 60 g de beurre
- Sel
- Poivre blanc du moulin

1 Dans une marmite, faire cuire les spaghettis *al dente* dans un grand volume d'eau bouillante salée. Pendant ce temps, tailler le lard en tout petits dés. Éplucher l'ail et l'écraser légèrement avec une fourchette.

2 Dans une casserole assez grande pour contenir les pâtes, faire chauffer le saindoux ou le beurre et y faire revenir le lard et l'ail jusqu'à ce que l'ail soit doré et le lard croustillant. Puis retirer délicatement l'ail.

3 Dans une terrine, battre les œufs au fouet avec le parmesan ou le pecorino, y ajouter du sel et du poivre. Mettre les spaghettis égouttés dans la casserole et les mélanger avec le lard. Retirer la casserole du feu.

4 Incorporer le mélange à base d'œufs. Remuer énergiquement afin que les pâtes soient recouvertes de sauce aux œufs et au fromage. Servir dans la casserole.

Variante
Remplacer le beurre et les œufs par un pot de sauce champignon à la crème fraîche 250 g Buitoni. Faire revenir à la poêle sans matière grasse les lardons et l'ail. Les ajouter aux spaghettis ainsi que le pot de sauce Buitoni. Faire chauffer à feu doux 2 min.

Spaghettis au pesto

Pour **4 personnes** – Préparation : **45 minutes environ**
Une portion contient environ : 900 kcal
Protides : 19 g – Lipides : 60 g – Glucides : 73 g
Difficulté : ★★ - Coût : €

- 400 g de spaghettis
- 5 bouquets de basilic à grosses feuilles (200 g environ)
- 4 gousses d'ail
- 80 g de pecorino râpé
- 2 cuil. à soupe de pignons de pin
- 20 cl d'huile d'olive
- Sel, poivre blanc du moulin

1 Préparer le pesto : laver, égoutter le basilic, détacher les feuilles. Éplucher l'ail et l'écraser au presse-ail.

2 Dans un mortier, piler le basilic avec un peu de sel. Ajouter du poivre, l'ail et les pignons. Avec le pilon former une pâte homogène. Incorporer le fromage et l'huile par très petites quantités. Remuer jusqu'à ce que le pesto soit onctueux et homogène.

3 Pendant ce temps, faire cuire les pâtes *al dente* dans un grand volume d'eau bouillante salée. Les égoutter en réservant 1 tasse de l'eau de cuisson.

4 Délayer le pesto avec 2 cuillerées à soupe d'eau de cuisson des pâtes. Puis dans un grand plat chaud, mélanger le pesto avec les spaghettis égouttés. Servir aussitôt.

◆ Dans la spécialité ligure, on utilise des *trenette*, petites pâtes en ruban faites à la maison.

Conseil
Le pesto se surgelant très bien, on peut en préparer de plus grandes quantités à l'avance.

Variante
Pour une recette plus simple et plus rapide, utiliser un pot de Pesto Basilico BUITONI (150 g).

Champignons aux tomates

Pour **4 personnes** – Préparation : **1 heure environ**
Une portion contient environ : 100 kcal
Protides : 4 g – Lipides : 9 g – Glucides : 2 g
Difficulté : ★ - Coût : €

- 500 g de cèpes, pleurotes ou champignons de Paris
- 250 g de tomates rondes
- 2 gousses d'ail
- 5 cuil. à soupe d'huile d'olive
- Origan séché
- Sel, poivre blanc du moulin

1 Éplucher et hacher finement l'ail. Ébouillanter les tomates, les peler, ôter le pédoncule, et les partager en deux. Retirer les graines. Hacher ensuite la pulpe finement. Faire chauffer 2 cuillerées à soupe d'huile dans une casserole.

2 Dans la casserole, faire revenir rapidement l'ail (sans qu'il dore). Ajouter les tomates, saler, poivrer et parfumer avec 1 ou 2 pincées d'origan. Ne pas couvrir et laisser réduire la sauce 20 min à feu moyen.

3 Nettoyer les champignons et les tailler en lamelles. Dans une grande poêle, mettre l'huile restante à chauffer et y faire revenir les champignons à feu vif 5 min environ. Saler et mélanger avec la sauce tomate.

4 Laisser mijoter à couvert et à feu moyen encore 10 min environ. Servir les champignons très chauds ou les laisser refroidir pour les servir comme hors-d'œuvre.

Variante
Fricassée de champignons :
Préparer 500 g de champignons (cèpes, champignons des prés) comme indiqué dans la recette. Hacher 3 gousses d'ail, 1 bouquet de persil. Faire revenir l'ail dans de l'huile, ajouter les champignons et les faire cuire à feu vif jusqu'à ce que leur eau se soit évaporée. Mettre le persil, saler, poivrer et laisser un peu reposer. Servir chaud ou froid.

Courgettes grillées à l'huile d'olive et au vinaigre balsamique

Pour **4 personnes** – Préparation : **20 minutes**
Une portion contient environ : 200 kcal
Protides : 9 g – Lipides : 36 g – Glucides : 11 g
Difficulté : ★ - Coût : €

- 600 g de courgettes fermes
- 100 g de parmesan
- Huile d'olive
- Vinaigre balsamique

1 Laver et égoutter les courgettes. Ôter leurs extrémités avant de les couper dans le sens de la longueur en branches d'environ 5 mm d'épaisseur.

2 Faire chauffer l'huile d'olive dans une poêle à feu vif. Faire dorer les courgettes sur les deux faces, assaisonner et les poser sur un papier absorbant. Garder au chaud.

3 Dresser sur un plat, parsemer de copeaux de parmesan puis verser un filet d'huile d'olive et quelques gouttes de vinaigre balsamique.

Gratin d'aubergines

Pour **4 personnes** – Préparation : **1 heure 45 environ**
Une portion contient environ : 550 kcal
Protides : 12 g – Lipides : 52 g – Glucides : 10 g
Difficulté : ★★ - Coût : €€

- 600 g d'aubergines
- 600 g de tomates moyennes, mûres mais fermes
- 100 g de parmesan
- 2 cuil. à soupe de chapelure
- 7 cuil. à soupe d'huile d'olive
- 12 cl d'huile de tournesol
- Sel, poivre noir du moulin

1 Laver les aubergines, retirer les extrémités, puis les couper en rondelles épaisses de 1 cm. Les disposer par couches dans une passoire, saler chacune d'elles et laisser reposer 30 min.

2 Laver et égoutter les tomates, puis ôter le pédoncule avant de les couper en rondelles épaisses de 1 cm. Étaler les rondelles de tomates sur du papier absorbant, appliquer d'autres feuilles de papier par-dessus et presser avec le plat de la main de façon à retirer l'humidité.

3 Faire chauffer 2 cuillerées à soupe d'huile d'olive dans une grande poêle. Y faire revenir brièvement à feu vif les tomates de chaque côté. Les mettre sur une assiette, saler et poivrer.

4 Passer sous l'eau les aubergines, les presser pour en extraire l'eau et les égoutter sur du papier absorbant. Mettre de l'huile de tournesol dans la poêle et y faire dorer les aubergines petit à petit à feu vif, de chaque côté. Ajouter de l'huile au fur et à mesure de la cuisson, jusqu'à la dernière fournée. Égoutter sur du papier absorbant les aubergines frites.

5 Préchauffer le four à 180 °C (th. 6). Enduire un plat allant au four de 1 cuillerée à soupe d'huile d'olive.

6 Remplir le plat en disposant les aubergines et les tomates par couches puis parsemer chacune d'elles de parmesan. Saupoudrer la dernière couche de fromage et de chapelure. Arroser avec l'huile d'olive restante.

7 Enfourner à mi-hauteur et faire cuire 30 min environ.

Conseil
Ce plat de couleur vive a un fort bel aspect quand il est parsemé de basilic ou de persil.

Haricots verts à la tomate et au basilic

Pour **4 personnes** – Préparation : **1 heure environ**
Une portion contient environ : 230 kcal
Protides : 6 g – Lipides : 15 g – Glucides : 18 g
Difficulté : ★ - Coût : €

- 50 g de lard de poitrine fumée
- 750 g de haricots verts
- 300 g de tomates rondes
- 1 gros oignon
- 1 gros bouquet de basilic
- 3 cuil. à soupe d'huile d'olive
- Sel, poivre noir du moulin

1 Équeuter, effiler, couper les haricots en morceaux et les laver. Éplucher et hacher finement l'oignon. Tailler le lard en tout petits dés.

2 Ébouillanter les tomates, les peler, ôter le pédoncule avant de les partager en quatre. Retirer les graines et écraser grossièrement les quartiers.

3 Laver, égoutter et hacher le basilic.

4 Faire chauffer l'huile dans une casserole, y faire rissoler les oignons à feu doux (sans les faire dorer). Ajouter le lard, les tomates et la moitié du basilic. Saler et poivrer. Faire cuire 20 min à couvert puis ajouter les haricots. Poursuivre la cuisson à feu doux jusqu'à ce que les haricots soient *al dente*. Saler, poivrer et ajouter le basilic restant.

Variante

Haricots aux anchois :
Faire cuire 500 g de haricots princesse à l'eau bouillante jusqu'à ce qu'ils soient fermes sous la dent. Hacher très finement 1 gousse d'ail, 1 bouquet de persil, 4 filets d'anchois et les faire revenir 5 min dans 20 g de beurre. Ajouter les haricots, poivrer, goûter avant de saler. Laisser cuire à feu doux quelques instants.

Cabillaud à la sauce tomate

Pour **4 personnes** – Préparation : **1 heure 30 environ**
Une portion contient environ : 330 kcal
Protides : 47 g – Lipides : 10 g – Glucides : 14 g
Difficulté : ★★ - Coût : €€

- 1 kg de cabillaud
- 500 g de tomates rondes
- 1 côte de céleri en branches
- 1 carotte
- 1 oignon
- 2 gousses d'ail
- 1 bouquet de persil
- 1 bouquet de basilic
- 1 branche de romarin
- 1 branche de sauge
- 1 feuille de laurier
- 2 à 3 cuil. à soupe de farine
- 6 à 9 cuil. à soupe de vin blanc sec
- 4 cuil. à soupe d'huile d'olive
- Sel
- Poivre blanc du moulin

1 Éplucher l'oignon et l'ail. Peler la carotte. Laver le céleri, enlever les fils. Hacher le tout finement.

2 Laver et égoutter le persil, le basilic, le romarin et la sauge. Détacher les feuilles. Ensuite tailler finement toutes les herbes.

3 Ébouillanter les tomates et les peler, puis retirer le pédoncule avant de les partager en deux. Enlever les graines et couper la chair en petits dés.

4 Passer le poisson sous l'eau froide, l'essuyer puis le rouler dans la farine.

5 Dans un plat allant sur le feu et au four, faire chauffer l'huile et y faire revenir 5 min les légumes et les herbes hachées. Ajouter les tomates, couvrir et faire cuire 10 min environ.

6 Préchauffer le four à 200 °C (th. 7). Mettre le poisson et le laurier dans le plat. Saler et poivrer. Couvrir et laisser cuire 30 min environ au four (à mi-hauteur). En cours de cuisson, retourner une fois le cabillaud avec précaution et l'arroser régulièrement de vin blanc. Retirer la feuille de laurier avant de servir.

7 Accompagner le poisson de pommes de terre au persil et de salade.

Conseil
Si vous ne trouvez pas de bonnes tomates mûries au soleil, vous pouvez les remplacer par 600 g de tomates en boîte. Les égoutter dans une passoire et les hacher finement.

Variante
Remplacer les tomates rondes, le romarin et la sauge par un pot de sauce tomate Provenzale 250 g BUITONI.

Calmars à la mode d'Amalfi

Pour **4 personnes** – Préparation : **1 heure 15**
Une portion contient environ : 450 kcal
Protides : 35 g – Lipides : 23 g – Glucides : 21 g
Difficulté : ★★ - Coût : €€

- 800 g de calmars ou de seiche prêts à cuisiner, surgelés
- 500 g de tomates en boîte
- 2 gousses d'ail
- 75 g de raisins secs
- 75 g de pignons de pin
- 5 cuil. à soupe d'huile d'olive
- 12 cl de vin blanc sec
- 1 bouquet de persil
- 1 pincée de piment rouge en poudre
- Sel

1 Décongeler les calmars, les passer rapidement sous l'eau, les essuyer, les couper en lanières.

2 Faire tremper les raisins secs 15 min environ dans une tasse d'eau tiède.

3 Laver, égoutter, hacher menu le persil. Verser les tomates dans une passoire au-dessus d'une jatte et les écraser. Éplucher, hacher finement l'ail et les pignons.

4 Faire chauffer l'huile et faire revenir l'ail et le persil à feu doux 5 min environ. Ajouter les calmars, remuer, compter 5 min et arroser de vin. Le laisser s'évaporer à feu vif. Mettre les tomates dans la préparation, saler et relever avec le piment rouge.

5 Faire cuire les calmars à feu doux et à couvert 1 h minimum. Goûter pour voir s'ils sont cuits, car le temps de cuisson dépend de leur qualité et de leur grosseur. 10 min avant la fin de la cuisson, ajouter les raisins secs égouttés et les pignons.

Crevettes à la sauce piquante

Pour **4 personnes** – Préparation : **1 heure environ**
Une portion contient environ : 690 kcal
Protides : 81 g – Lipides : 22 g – Glucides : 41 g
Difficulté : ★ - Coût : €€€

- 1,5 kg de crevettes non décortiquées, décongelées
- 450 g de tomates en boîte
- 1 gros bouquet de persil
- 4 gousses d'ail
- 4 à 5 filets d'anchois
- 10 cl de vin blanc sec
- 6 cuil. à soupe d'huile d'olive
- 1 pincée de piment rouge
- Sel
- Poivre du moulin

1 Écraser les gousses d'ail au presse-ail. Hacher finement les filets d'anchois et le persil. Mettre les tomates dans une passoire, les égoutter et les couper en petits morceaux.

2 Faire chauffer l'huile dans une grande sauteuse et y faire revenir 5 min l'ail, les anchois et les deux tiers du persil. Arroser de vin et, tout en remuant, le laisser s'évaporer à feu vif. Réduire le feu, mettre les tomates dans la sauteuse, saler et épicer avec le piment rouge. Laisser épaissir la sauce.

3 Passer les crevettes sous l'eau, bien les égoutter et les plonger dans la sauce. Couvrir et faire cuire à feu doux 15 min.

4 Parsemer sur les crevettes le persil restant et servir. Mettre le moulin à poivre sur la table.

Variante
Pour une sauce plus liée, utiliser deux pots de sauce tomate Napoletana 250 g BUITONI à la place des tomates en boîte. Faire revenir les crevettes avec 3 cuillerées à soupe d'huile d'olive au lieu de 6.

Turbot au four

Pour **4 personnes** – Préparation : **1 heure environ**
Une portion contient environ : 500 kcal
Protides : 49 g – Lipides : 31 g – Glucides : 10 g
Difficulté : ★★ - Coût : €€

- 4 tranches de turbot (de 250 g chacune environ)
- 200 g de crème à 15 % de matière grasse
- 80 g de beurre
- 2 cuil. à soupe de chapelure
- 1 gros oignon blanc
- 1/2 citron
- 1 cuil. à soupe de câpres
- 1 bouquet de persil
- Sel
- Poivre blanc du moulin

1 Peler et émincer l'oignon. Hacher finement le persil. Laver et essuyer le poisson. Peler finement le demi-citron et tailler l'écorce en petits morceaux.

2 Préchauffer le four à 200 °C (th. 7). Dans un plat allant au four, faire fondre 40 g de beurre et y faire revenir l'oignon émincé à feu doux sans qu'il dore.

3 Mettre les tranches de poisson côte à côte dans le plat, les faire revenir rapidement à feu moyen. Saler, poivrer. Parsemer de persil, de zeste de citron et de câpres. Recouvrir le tout de crème.

4 Faire cuire le poisson au four (à mi-hauteur) dans le plat recouvert d'aluminium 20 min environ. Arroser de sauce de temps à autre. Retirer l'aluminium 5 min avant la fin de la cuisson.

5 Saupoudrer le poisson de chapelure et parsemer des dés de beurre restants. Remettre le plat au four sans couvrir et faire gratiner jusqu'à ce que le poisson soit doré.

Grillades de porc au marsala

Pour **4 personnes** – Préparation : **40 minutes environ**
Une portion contient environ : 290 kcal
Protides : 26 g – Lipides : 17 g – Glucides : 2 g
Difficulté : ★★ - Coût : €

- 8 petites grillades de porc de même taille (500 g environ)
- 20 g de lard fumé (sans couenne)
- 2 gousses d'ail
- 2 cuil. à soupe de farine
- 2 cuil. à soupe de bouillon de viande
- 10 cl de marsala sec
- 2 cuil. à soupe d'huile d'olive
- Sel
- Poivre noir du moulin

1 Couper le lard en tout petits dés. Éplucher les gousses d'ail et les écraser au presse-ail. Battre légèrement les grillades pour les aplatir.

2 Faire chauffer à feu vif l'huile dans une sauteuse, faire fondre le lard et dorer l'ail. Retirer l'ail de la poêle.

3 Pendant ce temps, saler, poivrer et fariner légèrement les grillades.

4 Les faire blondir rapidement dans la sauteuse de chaque côté. Ajouter le marsala puis laisser bouillir. Selon leur épaisseur, retirer les grillades au bout de 5 à 7 min (les retourner pendant la cuisson) et les disposer sur un plat chaud.

5 Diluer le jus de cuisson avec le bouillon, laisser épaissir la sauce, la verser sur les grillades et servir aussitôt.

Lapin au vin et aux noix

Pour **6 personnes** – Préparation : **1 heure 45**
Une portion contient environ : 1 950 kcal
Protides : 210 g – Lipides : 116 g – Glucides : 14 g
Difficulté : ★★ - Coût : €€

- 1 lapin prêt à cuire (coupé en 8-10 morceaux)
- 70 g de lard de poitrine fumée
- 3-4 tomates rondes mûres
- 1 gousse d'ail
- 10 noix
- 1/2 citron non traité
- 25 cl de vin blanc sec
- 3 cuil. à soupe d'huile d'olive
- 1 bouquet de persil
- 1 branche de romarin
- Sel
- Poivre noir du moulin

1 Essuyer les morceaux de lapin avec du papier absorbant et retirer tous les petits bouts d'os.

2 Ébouillanter les tomates et les peler. Les partager en deux et ôter le pédoncule et les graines. Hacher les tomates menu.

3 Enlever la couenne du lard. Dans une cocotte, faire chauffer l'huile d'olive. Y mettre le lard et faire dorer à feu moyen les morceaux de lapin en les retournant régulièrement

4 Verser le vin dans la cocotte et le laisser réduire de moitié. Pendant ce temps, retourner la viande à plusieurs reprises. Saler et poivrer. Ajouter les tomates hachées, couvrir puis laisser cuire 45 min à feu doux.

5 Laver et égoutter le persil et la branche de romarin. Détacher les feuilles de romarin. Laver le citron à l'eau chaude et le peler.

6 Couper le plus finement possible ou hacher les herbes et le zeste du citron. Éplucher l'ail et l'écraser au presse-ail. Hacher les noix avec un couteau ou au hachoir électrique.

7 Mélanger les herbes, le zeste de citron, l'ail et les noix. Incorporer cette *gremolata* à la sauce 10 min avant la fin de la cuisson du lapin. Laisser mijoter le lapin au vin et aux noix jusqu'à ce qu'il soit cuit.

8 Disposer les morceaux de lapin et la sauce dans un plat creux et servir avec de la polenta ou de la salade.

♦ La *gremolata*, préparation typiquement italienne, est un mélange d'herbes hachées, de zeste de citron finement coupé et d'ail pressé. Les noix hachées apportent à la *gremolata* de cette recette une touche un peu différente. Elle peut cuire quelques instants avec le plat ou être répandue sur celui-ci lorsqu'il est déjà prêt.

Osso buco à la bolognaise

Pour **4 personnes** – Préparation : **2 heures 45 environ**
Une portion contient environ : 400 kcal
Protides : 54 g – Lipides : 15 g – Glucides : 9 g
Difficulté : ★★ - Coût : €€

- 4 tranches de jarret de veau (épaisses de 4 cm)
- 500 g de tomates en boîte
- 1 oignon
- 1 gousse d'ail
- 50 g de beurre
- 12 cl de bouillon
- 6 à 9 cuil. à soupe de marsala sec
- 1 pincée de noix muscade râpée
- 1 pincée de girofle en poudre
- Sel, poivre blanc du moulin

1 Hacher finement l'oignon, l'ail et les tomates.

2 Dans une poêle (assez grande pour contenir les morceaux de viande côte à côte) faire fondre le beurre. Y faire rissoler à feu moyen l'oignon et l'ail, puis ajouter la viande. Saler, poivrer et assaisonner avec la noix muscade et le girofle. Faire revenir légèrement la viande de chaque côté.

3 Verser le marsala et le laisser presque complètement s'évaporer à feu moyen. Pendant ce temps, retourner plusieurs fois les tranches de viande. Ajouter les tomates. La viande doit en être complètement recouverte. Si cela est nécessaire, verser du bouillon. Couvrir et laisser mijoter 2 h environ à feu doux.

Variante

– Osso buco à la milanaise :
Faire dorer 1 oignon émincé dans 50 g de beurre et le retirer de la poêle. Faire revenir rapidement des deux côtés la viande légèrement farinée. Ajouter les rondelles d'oignon, 2 tomates pelées et hachées et 10 cl de vin blanc sec. Saler et poivrer. Faire cuire à feu doux et retourner de temps à autre. Hacher très finement le zeste de 1 citron, 2 filets d'anchois et 1 bouquet de persil et les faire cuire dans la sauce 10 min.
– Remplacer les tomates en boîte par un pot de sauce tomate Bolognese 250 g BUITONI.

Veau au thon

Pour **4 personnes** – Préparation : **1 heure 45** – Marinage et repos : **17-18 heures**
Protides : 53 g – Lipides : 31 g – Glucides : 6 g
Difficulté : ★★★ - Coût : €€€

- 750 g de noix de veau
- 150 g de thon à l'huile (poids net)
- 3 à 4 filets d'anchois
- 2 jaunes d'œufs
- 2 carottes
- 2 côtes de céleri en branches
- 2 citrons
- 1 oignon
- 1 litre de vin blanc sec
- 8 cuil. à soupe d'huile d'olive vierge extra
- 50 g de cornichons
- 50 g de câpres
- 1 bouquet de persil frisé
- 2 feuilles de laurier
- 2 clous de girofle
- Sel, poivre blanc du moulin

1 Peler et laver les carottes. Effiler les côtes de céleri, les laver. Éplucher l'oignon. Émincer les carottes, le céleri et l'oignon.

2 Mettre la viande dans une terrine avec les légumes, le laurier et le girofle. Verser le vin blanc dessus et laisser mariner toute la nuit.

3 Enrouler la viande, le lendemain, dans un morceau de gaze en serrant bien, et nouer une ficelle en plusieurs points pour que la viande conserve sa forme pendant la cuisson.

4 La mettre dans une cocotte. Faire bouillir la marinade dans une casserole et la verser sur la viande. Saler et poivrer. Faire frémir à couvert et à feu très doux jusqu'à ce que la viande soit cuite mais encore ferme. Compter 1 h 15 environ. Puis la laisser refroidir dans le bouillon.

5 Pendant ce temps, hacher le thon, les filets d'anchois, les câpres et les cornichons.

6 Battre au fouet électrique les jaunes d'œufs et le jus de 1 citron en un mélange mousseux, ajouter l'huile en un mince filet et remuer jusqu'à ce que la sauce soit crémeuse.

7 Mettre dans la sauce les ingrédients finement hachés et ajouter autant de bouillon de cuisson filtré qu'il faut pour obtenir une sauce aussi fluide que de la crème liquide. Saler et poivrer.

8 Dégager la viande de son enveloppe et l'essuyer avec du papier absorbant. La couper en tranches épaisses de 3 mm. Les disposer côte à côte sur un plat.

9 Bien remuer la sauce encore une fois puis en arroser la viande. Recouvrir le plat d'un film ménager et mettre au frais 5-6 h.

10 Décorer le veau au thon de persil et de rondelles de citron.

Gâteau au mascarpone

Pour **4 personnes** – Préparation : **30 minutes** – Repos : **8 heures**
Une portion contient environ : 330 kcal
Protides : 14 g – Lipides : 15 g – Glucides : 37 g
Difficulté : ★★ - Coût : €€

- 100 g de chocolat amer
- 300 g de biscuit
- 375 g de mascarpone (fromage frais à la crème)
- 3 œufs
- 75 g de sucre
- 12 cl de café expresso
- 1 cuil. à soupe de rhum

1 Râper le chocolat amer. Partager le gâteau en trois disques à l'aide d'un couteau ou d'une ficelle fine. Imbiber les trois disques de café légèrement sucré et de rhum. Séparer les blancs des jaunes d'œufs.

2 Battre les jaunes avec le sucre jusqu'à ce que le mélange soit crémeux. Ajouter petit à petit le mascarpone et battre jusqu'à obtention d'une crème homogène. Battre les blancs en neige très ferme et les incorporer délicatement à la crème.

3 Enduire un des disques sur un plat à gâteau de 1/3 de la crème et y parsemer le 1/3 du chocolat râpé. Renouveler l'opération deux fois jusqu'à réalisation d'un gâteau de trois étages terminé par une couche de crème et de chocolat râpé.

4 Glisser délicatement le gâteau au mascarpone au réfrigérateur. Si possible l'y laisser une nuit afin de le servir très froid.

Variante
Tiramisù :
Préparer la crème avec 3 jaunes d'œufs, 50 g de sucre, 250 g de mascarpone et 3 blancs d'œufs battus en neige. Tremper 8 biscuits à la cuillère dans 12 cl de café expresso et 2 cl de rhum. Disposer 4 biscuits au fond d'un plat. Les recouvrir avec la moitié de la crème. Renouveler l'opération. Mettre le dessert 8 h au réfrigérateur. Saupoudrer de poudre de cacao avant de servir.

Macarons

Pour **90 macarons** – Préparation : **1 heure 30**
Un macaron contient environ : 35 kcal
Protides : 1 g – Lipides : 2 g – Glucides : 4 g
Difficulté : ★★ - Coût : € €

- 250 g d'amandes
- 50 g d'amandes amères
- 300 g de sucre
- 2 à 3 blancs d'œufs
- Sucre glace

1 Plonger les amandes rapidement dans l'eau bouillante, les peler et les laisser sécher (au four par exemple).

2 Les broyer très finement dans un mortier en ajoutant le sucre ou les hacher au hachoir électrique. Les mettre dans une terrine avec le sucre restant.

3 Battre légèrement les blancs d'œufs. Puis incorporer autant de blanc qu'il faut aux amandes pour obtenir une pâte ferme.

4 Préchauffer le four à 120 °C (th. 3). Recouvrir la tôle d'une feuille d'aluminium ménager. Disposer la pâte en formant des petits tas de la taille d'une noix à intervalles réguliers.

5 Saupoudrer les macarons de sucre glace puis les faire cuire pendant 30 min dans le four (à mi-hauteur).

Conseil
Le test du couteau : enfoncer la pointe d'un couteau au centre du biscuit. Si elle ressort sèche, le gâteau est cuit. Si elle est humide, laisser cuire le gâteau encore quelques instants.

Salade de fruits au sabayon

Pour **4 personnes** – Préparation : **30 minutes** – Repos : **1 heure**
Une portion contient environ : 160 kcal
Protides : 4 g – Lipides : 6 g – Glucides : 22 g
Difficulté : ★ - Coût : €€

- 100 g de framboises
- 100 g de fraises des bois
- 2 pêches jaunes
- 6 à 8 abricots
- 1 poire ferme et mûre
- 1 pomme acide
- 1 citron
- 80 g de sucre
- 3 jaunes d'œufs
- 12 cl de marsala sec

1 Laver et égoutter les fruits rouges. Éplucher, diviser les pêches en deux et ôter le noyau avant de les couper en dés. Laver, essuyer et partager les abricots en deux. Enlever le noyau avant de les tailler en quartiers.

2 Laver, éplucher et épépiner la pomme et la poire et les couper en dés. Mélanger tous les fruits dans un saladier avec le jus de citron et 50 g de sucre. Laisser reposer 1 h au réfrigérateur et tourner les fruits une fois avec précaution.

3 Dans un plat creux supportant la chaleur, battre les jaunes d'œufs et le sucre restant. Mettre le plat au bain-marie et y verser lentement le marsala. Battre jusqu'à obtention d'une crème onctueuse qui ne doit pas bouillir.

4 Si possible mettre le plat dans de l'eau avec des glaçons et remuer la crème jusqu'à ce qu'elle soit tiède. Disposer la salade de fruits dans des coupes. Servir le sabayon à part ou en arroser les fruits.

Variante
Vous pouvez modifier le goût du sabayon à votre guise en remplaçant le marsala par du vin blanc ou en remplaçant seulement la moitié par du vin.
Il est également possible d'affiner le parfum du sabayon en ajoutant du zeste râpé de citron ou d'orange non traités ou une liqueur.

Zuppa inglese

Pour **4 personnes** – Préparation : **1 heure 10 environ**
Une portion contient environ : 1 200 kcal
Protides : 43 g – Lipides : 37 g – Glucides : 170 g
Difficulté : ★★★ - Coût : €€

- 300 g de biscuit
- 150 g de fruits confits mélangés
- 1/2 litre de lait
- 5 œufs
- 125 g de sucre
- 1 paquet de sucre vanillé
- 1 cuil. à soupe de sucre glace
- 5 cl de rhum
- 5 cl de liqueur Amaretto

1 Faire bouillir le lait dans une casserole, puis le laisser refroidir. Séparer les jaunes des blancs de 3 œufs. Battre le sucre, le sucre vanillé, les 2 œufs restants et les 3 jaunes jusqu'à obtention d'un mélange crémeux. En remuant sans cesse avec le batteur électrique, ajouter le lait petit à petit.

2 Verser cette préparation dans une seconde casserole et amener jusqu'au point d'ébullition en tournant sans cesse et à feu très doux. Ne pas faire bouillir. Transvaser la crème dans une terrine et laisser refroidir en tournant de temps à autre pour éviter la formation d'une peau.

3 Tailler les fruits confits en petits dés, les incorporer à la crème.

4 Couper le biscuit en lanières de 1 cm. En recouvrir le fond d'un plat allant au four.

5 Arroser délicatement de rhum, répandre de la crème par-dessus, recouvrir d'une nouvelle série de lanières puis arroser de liqueur. Renouveler l'opération jusqu'à épuisement de tous les ingrédients en terminant par une couche de biscuit.

6 Allumer le four au maximum ou à 250 °C (th. 9). Battre les 3 blancs d'œufs et le sucre glace en neige très ferme. Mettre cette préparation dans une poche à douille et en décorer le gâteau.

7 Glisser la zuppa inglese dans la partie supérieure du four et laisser cuire jusqu'à ce que la meringue soit très légèrement dorée. Laisser refroidir.

Signification des symboles

★ très facile	€ bon marché
★★ facile	€€ raisonnable
★★★ difficile	€€€ cher

Cet ouvrage reprend la majorité des recettes du livre Cuisine italienne,
paru en 1991 dans la collection Petits Pratiques Hachette, Hachette Pratique.

L'éditeur remercie Cécile Mendiboure pour son aide précieuse.

Direction : Stephen Bateman
Direction éditoriale : Pierre-Jean Furet
Édition : Christine Martin
Correction : Sylvie Gauthier
Conception intérieure : Dune Lunel
Réalisation intérieure : MCP
Réalisation couverture : Sophie Bougnon
Conception couverture : Nicole Dassonville
Fabrication : Claire Leleu

Pour tout renseignement commercial, contactez Sophie Augereau au 01 43 92 36 82.

Dépôt légal : février 2005
ISBN : 2-01-62-0955-0
62-66-0955-02-5

Impression : G. Canale & C.S.p.A., Turin (Italie).